AF509365

LA PLAINTE DE MONSIEVR LE MARQVIS DE LA VIEVVILLE SVR SON emprisonnement.

M. DC. XXV.

LA PLAINTE DE MONSIEVR LE
Marquis de la Vieuuille sur son emprisonnement.

M: Ie croy que mon mal-heur reseruoit ce dernier desplaisir à sa cruauté, qu'ayant si longuement renfermé tous mes sentimens au profond de mon cœur durant ma captiuité, auiourd'huy qu'il plaist à Dieu de me faire renaistre à mon ancienne liberté, ie n'en ay pas l'vsage, pour seulement demander secours, ie ne le puis sans expliquer ma misere, & n'ay point de paroles si douces pour la dire, qu'elles n'approchent des plus aigres plaintes, & contre qui, ie ne sçay, mais contre qui derechef, sans toucher par contrecoup en quelque façon celuy dont i'ay tousiours publié la bonté, & celuy puis-ie dire que i'aurois loüé dans l'horreur du

supplice (s'il me l'eust ordonné) tãt
mon affection me rend present, ce
qu'il m'est, & ce que ie luy ay tousiours esté : Comment donc auiour-
d'huy me plaindre, i'ayme mieux mille fois la mort : Mais d'ailleurs M.
comme ie considere ce silence crimi-
nel par la consequence qui regarde
son seruice, & sa perfonne, & que
c'est m'abismer par vn respect incon-
sideré au plus profond de l'infidelité.
Ie concilie (ce me-semble) ces deux
extremitez en m'addressant à Vous,
en qui se rassemble & la cognoissance de nos maux, & l'industrie en émi-
nence pour y subuenir. A qui mieux
faire mes complaintes qu'à celuy qui
les sçait aussi bien que moy, & à qui la
cognoissance de moy mesme donne
plus que toutes mes paroles. qui a
mieux presenty mes inclinatiõs & pe-
netré mon interieur que vous M? vous
l'auez peû, vous l'auez fait, la trépe de

mon esprit n'estoit pas à l'espreuue du
voïtre, auec lequel les meilleurs se r'ap-
purent, il vous a tousiours esté ouuert
par la singuliere amitié dont il vous a
pleu de m'honorer. Vous sçauez bien
que ceste belle chemise de l'ambition
dont personne ne se despoüille (ce dit
vn Ancien) n'a iamais esté en moy
qu'vne aueugle fidelité pour le Roy,
sa gloire, sa grandeur, son repos, & de
le voir la merueille des siecles à venir,
& comme vn autre Titus, l'amour &
les delices de ses peuples ont esté mes
premiers souhaits, & tous mes soins:
Ce m'a esté l'Autel où i'ay mille fois
sacrifié ma vie a tant de puissans ennemis ; que ses interests m'ont suscité,
Dieu le cognoist, le Roy le sçait, &
vous le pouuez tesmoigner mieux que
personne: Si ie m'estois aymé ie serois
où i'estois (mais à ses despens) ie puis
iustifier combien i'ay esté inflexible
en ceste espece (ie l'ose ainsi nom-

mer) didolatrie pour luy, iuſques à la veille & à l'inſtant de mon mal-heur: Dieu qui ſe dit ialoux m'a iuſtement puny, ie l'oubliois i'ay eſté oublié, il vouloit bié que ie ſeruiſſe le Roy, mais dans les loix de ſuiet, & non de creature: Patience, ie ſuis tres-content ſi le Roy me permet d'en regretter la faute, le reſte de mes iours chez moy, dans ma famille, ie le ſeruiray de prieres & de ſouhaits, ne pouuant d'auantage pour ſa grandeur : Il ſçaura par mon ſilence cóbien mon affection eſt inflexible & par l'ennuy dans lequel ie languiray, combien m'eſt cuiſante ſa diſgrace:Auſſi ce peut-il dire que ma vie iuſques-icy eſt vn autre miracle auec ma liberté, & que Dieu les a faits, l'vn pour le Roy, l'autre pour mon innocence: Il a eu ſoin de luy, car c'eſt ſon Oinct, & n'a peu laiſſer l'autre ſans manquer à ſa parole inuiolable. Mais qu'ay-ie fait M. pour m'auoir ainſi

mal mené? Qui a peu perſuader à vn
grand Roy comme le noſtre, que la
deſpouille d'vn ſeruiteur luy peuſt ja-
mais eſtre honorable, n'eſt-ce pas met-
tre vn manteau de bouë ſur les brillans
de ces belles Vertus qui le font admi-
rer? Qui luy a peu ſouſtenir que ce fuſt
choſe iuſte de condamner vn homme
ſans l'ouyr, de degrader d'honneur vn
ſeruiteur de la condition où il luy
auoit pleu de m'eſleuer, lequel quant
il n'auroit point le merite du ſeruice
domeſtique de ſes peres depuis cent
ans & plus dans ſa maiſon, à celuy de
l'auoir ſeruy dés ſon enfance dans ſes
plaiſirs, les armes, & ſes affaires, & en
l'honneur de ſon ſecret? Qui luy a peu
ſeruir de caution du iugement de
Dieu, qui pleut des foudres de ven-
geances ſur les oppreſſions? Si l'on m'a
fait vn monſtre de crimes, qui a de-
mandé grace pour moy, il n'y auoit
point de couſtumace. Que ne les ay-

ie expiez en mon sang, si ce n'est qu'a-
uec cet aduantage contre les absens
on m'aye condamné par cōtagion : &
en fin M. qui l'a peu charmer, iusques
à luy faire croire bien-seant de faire
rechercher ma vie pour faire voir vne
suitte de ce que ie n'ay iamais com-
mencé, ny pensé, & comme si les a-
ctions d'vn simple Gentil-homme
estoient pour condamner vn princi-
pel ministre de son Estat. N'est-ce pas
me faire mon procez apres ma mort,
& apres tant de diligences, de saisies,
& de perquisitions honteuses, quel
m'a-on trouué? ce qu'on ne dira pas
vne continuelle victime à l'enuie pour
son seruice. I'entre en ces estonne-
mens auec creue cœur, car dans mon
examen interieur, Dieu m'est tesmoin
que ie n'y trouue pas seulement de
mauuaises pensees, tant le transport
de mon esprit à l'aymer ardemment a
esté continu, & dans l'apparence publique

bliqui d'y rencôtre aussi peu de fonds.
A coesté le mauuais estat de ces affaires, la profusion, le desordre, la necessité, la guerre, la diuision en son Estat,
en sa maison? qui luy ont peu donner
ces violents soupçons de ma fidelité,
y auoit-il rien de tout cela à mó esloi-
gnement: l'ordre, l'abondance & la
paix en sa main pour la garder chez
luy, & la donner ailleurs, sont-ce cri-
més ou malheurs? c'est où ie l'ay laissé,
& puis estois-ie seul honoré de l'entree
de son Conseil pour estre responsable
des euenemens, quand il le faudroit
estre, & quand ils eussent esté autres
que tres-heureux. quoy donc? l'enuie,
vn mauuais commun interest a r'allié
ses ennemis & les miés, pour me noir-
cir de calomnies auprès de luy, sous
quels pretextes? il faut qu'ils ayent esté
bien specieux, & d'vne consequence
bien pressée, pour auoir fait oublier
Iusques à ces glorieux tesmoignages,

B

que dans le moúuemét naturel de noſtre bon Roy, la verité luy fit pronon-
cer deuant des compagnies Souuerai-
nes, mandez expres huict iours aupara-
uant ma priſon, tant me croyant lors
vrayement ce que i'eſtois, il eſtimoit
mon ſeul eſloignement eſtre preiudi-
ciable à ſa reputatió, & au bien de ſon
ſeruice: Il eſt donc tres-ayſé que mes
ennemis ont eſtouffé ſon intereſt dans
leur damnable paſſion, autrement s'ils
euſſent tant deſcouuert depuis, & en ſi
peu de téps, ils euſſent publié mes crimes, & ne me les euſſent pas fait celer,
comme il eſt vray qu'ils me ſont encor
incogneus, l'Hiſtoire de France nous
dennera-elle vn pareil exemple? N'e-
ſtoit-ce pas aſſez de faire place nette
ſans vouloir m'arracher l'honneur &
la vie: Pour ſeureté de ma perſonne on
me perſuade vne priſon, pour celle du
ſecret que ie ne me peuſſe plaindre, &
pour le reſte de leur parfaite charité, il

se trouue important de me tenir comme vn loup garou, entre quatre mu-
railles, afin de me donner par vn long
ennuy ce qu'autrement il n'estoit pas
en eux: Ce traittemét M. à la mode du
móde n'est-il pas du plus fin, aussi bien
que du plus meschant? Car si i'y fusse
mort, i'aurois eu grand tort, la farce
estoit ioüee pour toute ma famille: Ie
passois à la posterité pour vn prodige
d'infidelité, eusse dit cent impostures,
on m'eust donné mille pernicieux des-
seins, & en vn mot on m'eust fait vne
banque publicque de meschanceté, où
chacun eust fait remise de la sienne;
Que d'aumosnes de ceste monnoye à
ma memoire, & quelle resource d'vn
tel precipice, si ceste main souueraine
en dernier ressort ne m'eust conserué,
& en fin deliuré. Cependát M. c'est où
ie me ressens tres-obligé à la bonté du
Roy, & laquelle tant que ie viuray ie
loüeray du mesme front que i'ay fait

autresfois les autres merueilles de sa
vie, car il est vray que s'il a flechy lors
aux interest de son Estat, sa bonté s'est
renduë inuincible a ma deffence, ses
commandemens mesmes tesmoigne-
rent du soin de ce malheureux seruiteur qu'il ne pouuoit abandonner, si
les interpretations en ont esté delicat-
tes, sa gloire n'en doit pas estre moindre, non plus que son merite deuant
Dieu : c'est pour elle que i'ay touché
ces rigueurs passees, pour releuer plus
haut l'éclat de sa singuliere bonté sous
ce grand ombre d'artifices: Car arpres
vn si beau prelude de iustice, que ne
dirois-ie pas si ie voulois approfondir
ce religieux silence, dans lequel on a
tousiours tenu les miens, & iusques à
ceux qui ont tesmoigné le moindre
sentiment de mon aduersité, on leur a
forgé des tonnerres de colere du Roy,
s'ils ouuroient seulement la bouche,
on leur a parlé des yeux & des espau-

les (escrime de l'hypocrisie ou de cala-
mité publique) s'est à eux de s'expli-
pliquer, & s'il leur est arriué d'ouurir la
bouche, ç'a esté dás vn ton pitoyable,
quelque beau mot de patience qu'il a
fallu prendre pour oracle, auec remer-
ciement, & tousiours ce bien-heureux
secret de me tenir à l'attache, & que le
chagrin se desferoit de moy? Mauuais
calcul ou Dieu n'est pas, ie supprime le
reste pour beaucoup de respects, &
pour ne vous pas ennuyer. Vous en
sçauez assez M. & en auez assez veu
pour desiller les yeux du Roy sur mon
suiet, & luy faire recognoistre tous ses
interests, dás les miens; vous le pouuez,
vous le voudrez, car il est iuste & glorieux, vous ne pouuez mieux debiter
ce grand talent que Dieu vous a dóné
qu'en sa cause & en celle du Roy, &
s'il s'y rencontre quelque meslange de
la sienne, il n'est pas honteux de faire
bon office à qui que ce soit, moins de

souftenir l'innocence, mais il est de voftre generofité de n'abandonner pas vn que vous auez honoré plufieurs fois du nom d'amy, comme i'ay pris celuy de feruiteur: Vous voyez & fçaurez fagement toucher ce qui eft raifonnable & poffible s'il plaift au Roy de confiderer combien mefme la confequence du futur excede celle du paffé, il ne me déniera pas vne feule parole auec laquelle il peut guarir nos maux, & fe rendre auec vfure ce que nous auôs tous deux perdu : mon fouhait eft le repos (s'il y en a d'orefnauât quelqu'vn pour moy) auec vn fimple adueu de ma fidelité, pour ne pas authorifer mon infamie de mon confentement : Ce n'eft pas trop à cét homme que vous fçauez ce qu'il a refufé, & qui a peu d'auantage pour luy: Si ie ne fuis plus bon à autre vfage, qu'il me laiffe au moins foufpirer librement, c'eft ce que ie luy demande

parluy-mefme à mains iointes, & au
nom de celuy dont il nous eft l'Image
viuante. I'ay dit à autre vfage pour luy
tefmoigner que fans aucun dépit, (à
Dieu ne plaife que i'en fuffe feulemét
fufceptible) ie fuis toufiours le mefme
d'affectió pour l'obeyr, & le feruir tres-
fidellement, & que fi ie nel'ay pas mé-
cogneu dans vne prifon, ie ne fuis pas
pour les defaduoüer en liberté. Ie fais
tres-grande difference de nos volótez,
la fienne eft fi ample, & tellement ma
fuperieure, que ie m'y foubfmets abfo-
lument fans aucune referue : La mien-
ne eft fi reftrainte, & fi remplie de def-
plaifirs & de regret de luy auoir dé-
pleu, que fi l'obeyffance ne m'en tire,
rien ne m'eft plus fouhaittable que de
viure ou languir le plus incogneu que
ie pourray. Ie luy fis la mefme fuppli-
cation tres-humble à Ruel, où vous
eftiez, à la veille de ma difgrace. C'eft
où ie ne puis prefentir d'obftacle, puis

que ce sont mesmes des lettres d'amni-
stie que ie donne à tous mes ennemis,
ausquels, outre que i'allume tous les
iours des charbons ardás sur leur teste,
en priant Dieu qu'il leur pardonne, ie
seray mort pour eux en ce faisát. C'est
tout M. & trop pour vne lettre, si ma
necessité ne la fait passer à vostre amitié pour l'entretien d'vne annee de celuy que vous auez promis d'aymer
comme,

M.

*Vostre tres-humble & tres-
obeyssant seruiteur,*
LA VIEVVILLE.

www.ingramcontent.com/pod-product-compliance
Lightning Source LLC
LaVergne TN
LVHW012121170726
843501LV00008BC/2947